URBANE BOTANIK

ZIMMERPFLANZEN FÜR MODERNE GÄRTNER

MAAIKE KOSTER
und
EMMA SIBLEY

INHALT

EINLEITUNG

Selbst ein kleiner Raum in einer Stadtwohnung lässt sich heute leicht mit Topfpflanzen so gestalten, dass er weit und lebendig wirkt. Zimmerpflanzen sind wieder im Kommen und werden in großer Auswahl angeboten. In den letzten Jahren ist festzustellen, dass sich immer mehr Menschen zu Hause gerne mit Grün umgeben, und der Trend zur Zimmerpflanze nimmt zu. Sehr häufig wird Mode- und Lifestyle-Werbung mit tropischen Palmen, Farnen und Grünpflanzen präsentiert, auch spezialisieren sich immer mehr Geschäfte auf Pflanzen für den modernen Gärtner. Blumenboutiquen, Marktstände und Dekogeschäfte, die Zimmerpflanzen anbieten, schießen überall aus dem Boden.

Die Einstellung gegenüber Zimmerpflanzen hat sich in den letzten Jahren merklich verändert. Statt Blumenstrauß überreicht man heute gerne eine Topfpflanze – ein Arrangement mit Sukkulenten in einem kleinen Topf oder eine selbst vermehrte Pflanze, beispielsweise die leicht zu kultivierende Grünlilie. Früher sah man sie schlapp in der Ecke eines langweiligen Büros oder einer Wohnung stehen, heute werden sie ins Rampenlicht gesetzt wie Palme und Gummibaum und bringen Natur in das moderne Zuhause.

Grünpflanzen erfreuen sich wachsender Beliebtheit – die Korbmarante mit ihren malerischen Blättern, der aufragende Gummibaum oder der zarte Frauenhaarfarn – doch angeführt wird die Hitliste von Kakteen und Sukkulenten. Diese Pflanzen benötigen sehr wenig Pflege, und sie werden in sehr großer Vielfalt in ungewöhnlichen Farben und Formen angeboten. Zudem sind die meisten davon klein und eignen sich für kleine Räume. Sie lassen sich schön arrangieren und dekorativ beispielsweise auf eine Fensterbank stellen.

Wer heute in der Stadt wohnt, verfügt selten über einen großzügigen Garten. Zimmerpflanzen zu kaufen, bietet sich daher als ideale Lösung an. Viele stellen fest, dass sie auch ohne Garten ihren grünen Daumen zeigen können. Topfpflanzen in kleinen und großen Wohnungen bieten ebenso gute Erfolgschancen wie eine große Gartenfläche. Zimmerpflanzen besitzen den zusätzlichen Vorteil, dass man sie bei jedem Umzug mitnehmen kann.

Lassen Sie sich nicht einreden, dass manche mit Zimmerpflanzen umgehen können und andere nicht. Jeder kann Topfpflanzen kultivieren! Wir stellen Ihnen in diesem Buch ein weites Spektrum an Sukkulenten, Kakteen, Blühpflanzen und Grünpflanzen vor, aus dem Sie für Ihre Gärtnerkarriere das Passende auswählen können.

SUKKULENTEN

Adenium obesum

Wüstenrose

Afrika und Arabien

Dieser immergrüne Strauch steht auch im Winter gerne warm. Die Wüstenrose gedeiht im Wintergarten oder auf einer Fensterbank ohne Zugluft. Aus dem knollenartig verdickten Stamm wachsen kahle holzige Triebe, an deren Ende sich Büschel lederiger Blätter bilden.

Ideale Bedingungen für die Blütenbildung in den Sommermonaten sind reichlich Sonnenlicht und Wärme während des ganzen Jahres. Diese Sukkulente vom Frühjahr bis zum Herbst regelmäßig gießen. In der Ruhephase im Winter das Gießen fast vollständig einstellen, eine Wassergabe alle paar Wochen ist ausreichend.

Ihre Schönheit zeigt diese Pflanze in der Blütezeit. Die trichterförmigen, einzelständigen, leuchtend rosa oder rot gefärbten Blüten bilden einen lebhaften Kontrast zu den grünen Blättern.

WÜSTENROSE

ADENIUM OBESUM

Aeonium 'Sunburst'

Ewigblatt-Hybride

Kanarische Inseln

Diese verzweigte Sukkulente bildet an den Enden von holzigen Trieben große grün-gelb panaschierte Blattrosetten. Die Triebe können bis zu 50 cm hoch werden. Die Blattränder färben sich gelegentlich leicht rosa. Diese Schattierung wird stärker unter besonders sonnigen oder besonders kalten Bedingungen.

Aeonium *'Sunburst'* gedeiht in voller Sonne bis leichtem Schatten. Wenn die Pflanze direkter Sonne ausgesetzt ist, werden die Blätter allerdings schnell braun; gegebenenfalls rollen sie sich auch ein, um nicht zu viel Wasser zu verlieren.

Die meisten Aeonium-Arten haben ihre Ruhephase in den Sommermonaten und benötigen in dieser Zeit häufig keine Wassergaben. Wenn die Blätter welken, zurückhaltend gießen. In der Wachstumsphase vom Winter bis zum Frühjahr bevorzugen sie einen feuchten, schattigen Standort. Einmal pro Woche gießen, zwischen den Wassergaben die Topferde fast vollständig austrocknen lassen, denn Aeonium sind anfällig für Wurzelfäule.

EWIGBLATT-HYBRIDE

AEONIUM 'SUNBURST'

Aeonium volkerii

Rosettenbäumchen

Kanarische Inseln

Dieses Ewigblatt wächst als kompakt verzweigte Pflanze, deren hellgrüne, fleischige Blätter auffällige hellrote Ränder besitzen. Die Blätter bilden in vier oder fünf Schichten dickblättrige Rosetten.

Im Gegensatz zu den meisten Sukkulenten bevorzugt das Rosettenbäumchen einen schattigen, feuchten Standort und gedeiht nicht unter Wüstenbedingungen. Wenn die Luft in den Sommermonaten zu heiß und trocken ist, zeigt es mit welken Blättern Wassermangel an. Die Pflanze bevorzugt zwar einen etwas schattigen Platz, allerdings fördert leichte Sonneneinstrahlung die Intensität der Rotfärbung an den Blatträndern.

Dieses Aeonium in den Wintermonaten nur gießen, wenn die Erde vollständig ausgetrocknet ist. Staunässe während des ganzen Jahres unbedingt vermeiden, da die Anfälligkeit für Wurzelfäule sehr hoch ist.

Alle zwei Jahre in der Wachstumsphase umtopfen, im späten Winter oder im zeitigen Frühjahr.

ROSETTENBÄUMCHEN

AEONIUM VOLKERII

Agave americana
Jahrhundertpflanze
Südamerika

Es gibt mehr als 300 Agavenarten, die beliebteste ist *Agave americana*, auch Jahrhundertpflanze genannt, aufgrund der falschen Annahme, dass sie nur alle hundert Jahre blüht. Agaven besitzen Rosetten aus sehr starken, langen, blaugrünen und häufig gezähnten Blättern.

Diese Wüstenpflanzen mögen einen sehr sonnigen Standort. In den Sommermonaten mit warmem Wasser gießen und die Topferde nicht austrocknen lassen. In der Ruhephase im Winter sehr selten gießen.

Sie können eine Agave viele Jahre im Haus kultivieren, da sie langsam wächst. Wenn die Dornen an den Blättern zu lang werden, sollte sie im Sommer nach draußen gestellt werden.

Agaven lassen sich schwer aus Samen ziehen und blühen in der Wohnung nur selten. Doch über Ableger lassen sie sich leicht vermehren. Die Mutterpflanze bildet viele Ausläufer, die sich an der Mutterpflanze bewurzeln. Diese können von der Mutterpflanze getrennt und in Töpfe gepflanzt werden. Von einer Pflanze können Sie viele neue Agaven ziehen.

JAHRHUNDERTPFLANZE
AGAVE AMERICANA

Agave parryi

Parrys Agave

Arizona

Diese Agave mit sehr robusten graugrünen Rosettenblättern erkennt man leicht an den auffälligen Dornen an den Blattenden, die viel dunkler sind als der Rest des Blatts.

Diese Agave behauptet sich an den meisten Standorten, bevorzugt jedoch eine heiße und trockene Umgebung. In sandige Topferde pflanzen und auf eine sehr sonnige Fensterbank stellen. Im Hochsommer sollte sie am Nachmittag allerdings etwas Schatten bekommen.

In den Sommermonaten mäßig gießen und auf durchlässige Topferde achten, damit die Wurzeln nicht in einem feuchten Topf sitzen. Die Topferde bis zum nächsten Gießen vollständig austrocknen lassen. In den Wintermonaten gegebenenfalls nur noch alle paar Wochen gießen; nur so viel Wasser geben, dass die Blätter nicht welken.

In ihrer heimischen Umgebung bilden Agaven Blütenstände aus, allerdings erst ab einem Alter von 10–15 Jahren. An einem bis zu 6 m langen Stiel schießen dann hellgelbe Blüten aus der Rosette. Nach der Blüte stirbt die Rosette ab.

PARRYS AGAVE

AGAVE PARRYI

Aloe barberae

Barbers Aloe

Südafrika

Diese Aloe ist eine der größten ihrer Art und wächst in ihrem heimischen Südafrika zu einem bis zu 18 m hohen Baum heran. Vor allem wenn sie ihre attraktiven rosafarbenen Blüten trägt, ist sie dort der Blickfang jedes Gartens. In kühleren Regionen kommen Sie nur mit viel Glück in den Genuss dieser Blütenpracht.

Barbers Aloe benötigt im Haus viel Platz. Ein gut drainiertes großes Pflanzgefäß verwenden. *Aloe barberae* kann im Sommer an einem geschützten Standort draußen stehen, doch in den Wintermonaten muss sie frostfrei stehen.

Die Vermehrung dieser Aloe ist relativ einfach. Triebe abschneiden, ein paar Wochen trocknen lassen und die Stecklinge eintopfen.

BARBERS ALOE
ALOE BARBERAE

Anacampseros telephiastrum
Liebesröschen 'Sunrise'
Südafrika

Anacampseros telephiastrum ist eine niedrig-wachsende Sukkulente mit kleinen rosafarbenen Blüten und langen verzweigten Trieben. Das Liebesröschen gedeiht gut in einem Topf mit Drainage-Löchern oder frei hängend in einer Ampel. Die Pflanze bildet ein dichtes Polster aus vielen Rosetten. Diese Sukkulente sollte jedes Jahr umgetopft werden, da sie sich stark ausbreitet.

'Sunrise' bevorzugt indirektes helles Licht. Das Liebesröschen nicht längere Zeit direktem Sonnenlicht aussetzen. Zu viel Hitze schädigt die Blätter. Es benötigt einen trockenen, frostfreien Standort mit guter Luftzirkulation.

Im Sommer einmal pro Woche mäßig gießen und im Winter seltener. Während des ganzen Jahres bis zum nächsten Gießen die Topferde vollständig austrocknen lassen.

LIEBESRÖSCHEN 'SUNRISE'

ANACAMPSEROS TELEPHIASTRUM

Crassula ovata

Geldbaum, Pfennigbaum

Südafrika

Eine sehr beliebte pflegeleichte Sukkulente mit jadegrünen ovalen oder tropfenförmigen fleischigen Blättern.

In den heißen Sommermonaten genießt der Geldbaum gerne die Wärme im Freien. An einen Platz mit intensiver Morgensonne stellen und in den Nachmittagsstunden für Erholung im Schatten sorgen. Der Geldbaum übersteht Trockenphasen gut. Er muss nur alle zwei oder drei Wochen gegossen werden. Wenn die gummiartigen Blätter etwas lederig werden, ist es Zeit für eine Wassergabe. In den kühleren Wintermonaten nur minimal gießen und der Pflanze Ruhe gönnen. Kalte und feuchte Bedingungen führen leicht zu Wurzelfäule.

Der Geldbaum besitzt zunächst eine strauchartige Form und entwickelt sich schließlich baumförmig mit einem dicken holzigen Stamm. Mit einer Gartenschere lässt sich der Geldbaum in Form halten; die abgeschnittenen Triebe können zum Vermehren verwendet werden. Stecklinge auf trockene Topferde legen, bis sich die Schnittstellen verhärten und bewurzeln, dann in trockene Topferde pflanzen.

GELDBAUM, PFENNIGBAUM

CRASSULA OVATA

Echeveria derenbergii
Echeverie
Mexiko

Echeveria derenbergii besitzt attraktive, pudrig grau-grüne, fleischige Blätter und bildet pagodenartige Rosetten. In den Sommermonaten sind die Blätter mit einem leicht rosafarbenen Wachsschleier überzogen und die orangeroten Blüten bilden einen lebhaften Kontrast zu den gedeckten Farbtönen der Blätter.

Das ganze Jahr sehr wenig gießen. Die Echeverie kann in ihren fleischigen Blättern sehr viel Wasser speichern. Die Blätter beim Gießen nicht benetzen, vor allem nicht, wenn die Pflanze in der Sonne steht, sonst besteht die Gefahr, dass sich die Blätter verfärben und verbrennen. Etwas Sonne am Morgen oder am Spätnachmittag und eine anschließende kurze Zeit im Schatten fördern die Bildung von Blüten. Die Echeverie nicht der Mittagssonne aussetzen, diese kann die Blätter schädigen.

E. derenbergii benötigt Platz zum Wachsen. Wenn sie zu dicht an einer anderen Pflanze steht oder in einem zu kleinen Topf, zeigen sich Druckstellen an den Blättern. Die Vermehrung ist einfach: Ein Blatt von einer Rosette abnehmen und die Schnittstelle verhärten lassen. Eintopfen, wenn sich Wurzeln bilden.

ECHEVERIE

ECHEVERIA DERENBERGII

Echeveria nodulosa
Knötchen-Echeverie
Mexiko

Diese sehr dekorative Echeverie ist leicht an ihren spitzen fleischigen, olivgrünen Blättern mit hellroten Rändern und Zeichnungen zu erkennen. Wie bei den meisten Echeverien bildet auch bei dieser Art eine Mutterrosette sehr schnell Nebenrosetten. Aus der Rosettenmitte wachsen in den Sommermonaten gebogene Blütenstiele und tragen schöne altrosafarbene Blüten.

Die Knötchen-Echeverie bevorzugt im Laufe des Tages einen Wechsel von hellem Sonnenlicht und leichtem Schatten. Sie ist zwar relativ frosttolerant, dennoch sollte sie in den Wintermonaten nicht im Freien bleiben. Wenn die Pflanze über Winter vor starker Kälte geschützt steht, ist sie im nächsten Jahr blühfreudiger.

In den Sommermonaten während der Blüte einmal pro Woche mäßig gießen. Die Topferde bis zum nächsten Gießen vollständig austrocknen lassen. In der Ruhephase im Winter nur so viel gießen, dass die Blätter nicht welken.

KNÖTCHEN-ECHEVERIE

ECHEVERIA NODULOSA

Haworthia margaritifera

Perlen-Haworthie

Südafrika

Diese kleine Sukkulente besitzt eine gewisse Ähnlichkeit mit Aloe, und die weißen Knötchen auf den Blätterrücken sehen aus wie kleine Perlen. Die Perlen-Haworthie ist meist sehr klein und wächst langsam, daher ist sie sehr pflegeleicht. Sie blüht in der Regel im Sommer, ein paar Wochen nach dem längsten Tag des Jahres. Die Blüten sind allerdings eher langweilig und unscheinbar. Die Perlen-Haworthie wird allein wegen der attraktiven Blätter kultiviert. Sie gedeiht in indirektem Sonnenlicht und wirkt gut in Gruppen mit anderen Sukkulenten. Die Perlen-Haworthie muss nur selten umgetopft werden, da es ihr nicht schnell zu eng wird.

Eine Wassergabe pro Monat ist ausreichend, in der Wachstumsphase eine Wassergabe alle zwei Wochen. Schädlich ist zu starkes Wässern, da es zu Wurzelfäule führen kann. Zwischen den Wassergaben die Topferde oberflächlich abtrocknen lassen und in den Wintermonaten sehr zurückhaltend gießen.

PERLEN-HAWORTHIE

HAWORTHIA MARGARITIFERA

Hoya carnosa
Fleischfarbene Wachsblume
Provinz Yunnan, China

Diese kriechende, immergrüne Staude besitzt fleischige Blätter und vom späten Frühjahr bis zum Spätsommer wachsartige Blüten mit einem Hauch von Rosa. Die Schönheit der Blüten nimmt mit den Jahren zu. Die Fleischfarbene Wachsblume wird bis zu 3 m hoch und sollte mit einem Gitter oder Bambusstäben gestützt werden. Wachsblumen bilden gelegentlich auch Luftwurzeln, mit denen sie selbst für Stabilität sorgen.

Diese sehr temperamentvolle Zimmerpflanze bevorzugt helles Sonnenlicht und reichlich Wasser in den Sommermonaten. Sobald sich Knospen zeigen, die Pflanze möglichst nicht bewegen, da die Knospen abfallen können. Die verwelkten Blüten nicht abschneiden; in der nächsten Saison treiben dort wieder Blüten aus.

FLEISCHFARBENE WACHSBLUME

HOYA CARNOSA

Kalanchoe tomentosa

Filzige Kalanchoe

Madagaskar

Diese filzige, mintgrüne Sukkulente mit silbrigen ovalen Blättern und rostbraunen Blattspitzen ist eine der attraktivsten Zimmer-Kalanchoen.

Sie fühlt sich an einem sonnigen Fenster wohl und verträgt aufgrund ihrer fleischigen Blätter längere Trockenphasen. In der aktiven Wachstumsphase im Sommer zurückhaltend gießen, die Erde nur anfeuchten und bis zum nächsten Gießen vollständig austrocknen lassen. In der Ruhephase im Winter seltener gießen, lediglich dafür sorgen, dass die Blätter nicht welken. Die Blätter werden zu groß und kraftlos und verfaulen schließlich, wenn die Filzige Kalanchoe übermäßig gegossen wird.

Sie lässt sich über Blattsetzlingen vermehren. Im Frühjahr ein Blatt abschneiden und die Schnittstelle auf trockener Topferde verhärten lassen. Sobald sich Wurzeln bilden, in sandige Topferde pflanzen und erst gießen, wenn die Pflanze treibt.

FILZIGE KALANCHOE

KALANCHOE TOMENTOSA

Lithops
Lebende Steine
Philippinen

Lithops imitieren die Felsen und Kieselsteine ihrer heimischen Wüstenumgebung. Sie besitzen einen kurzen unterirdischen Trieb, an dem fleischige, halbkugelige Blätter wachsen. Diese Blätter wachsen sehr langsam und verändern sich kaum, daher nennt man sie auch Lebende Steine. Die Oberseite der Blätter ist entweder einfarbig oder mit verschiedenen Farbtönen und Flecken gemustert. Lebende Steine wachsen als Blätterpaare, die sich erst kurz vor der Oberfläche spalten. Aus diesem Spalt bildet sich im Spätsommer oder Frühherbst gelegentlich eine einzelne margeritenartige Blüte. Nach der Blüte verwelken die alten Blätter, sterben ab und werden durch ein neues Blätterpaar ersetzt.

Lithops benötigen während des ganzen Jahres zumindest einige Stunden direkte Sonne. Auch die Blütenbildung wird durch einen warmen Standort gefördert. Vom späten Frühjahr bis zum Frühherbst wenig gießen, die Erde zwischen den Wassergaben vollständig austrocknen lassen und nur so viel gießen, dass die Erde sich leicht feucht anfühlt. In den Wintermonaten legt die Pflanze eine Ruhephase ein. In dieser Zeit nicht gießen. Die alten Blätter versorgen die neuen Blätter mit ausreichend Feuchtigkeit und die Lebenden Steine benötigen erst in der nächsten Saison wieder Wassergaben.

Zur Vermehrung in den frühen Sommermonaten die Lebenden Steine teilen und in sandige Topferde pflanzen. In den ersten Wochen einen sehr sonnigen Standort wählen.

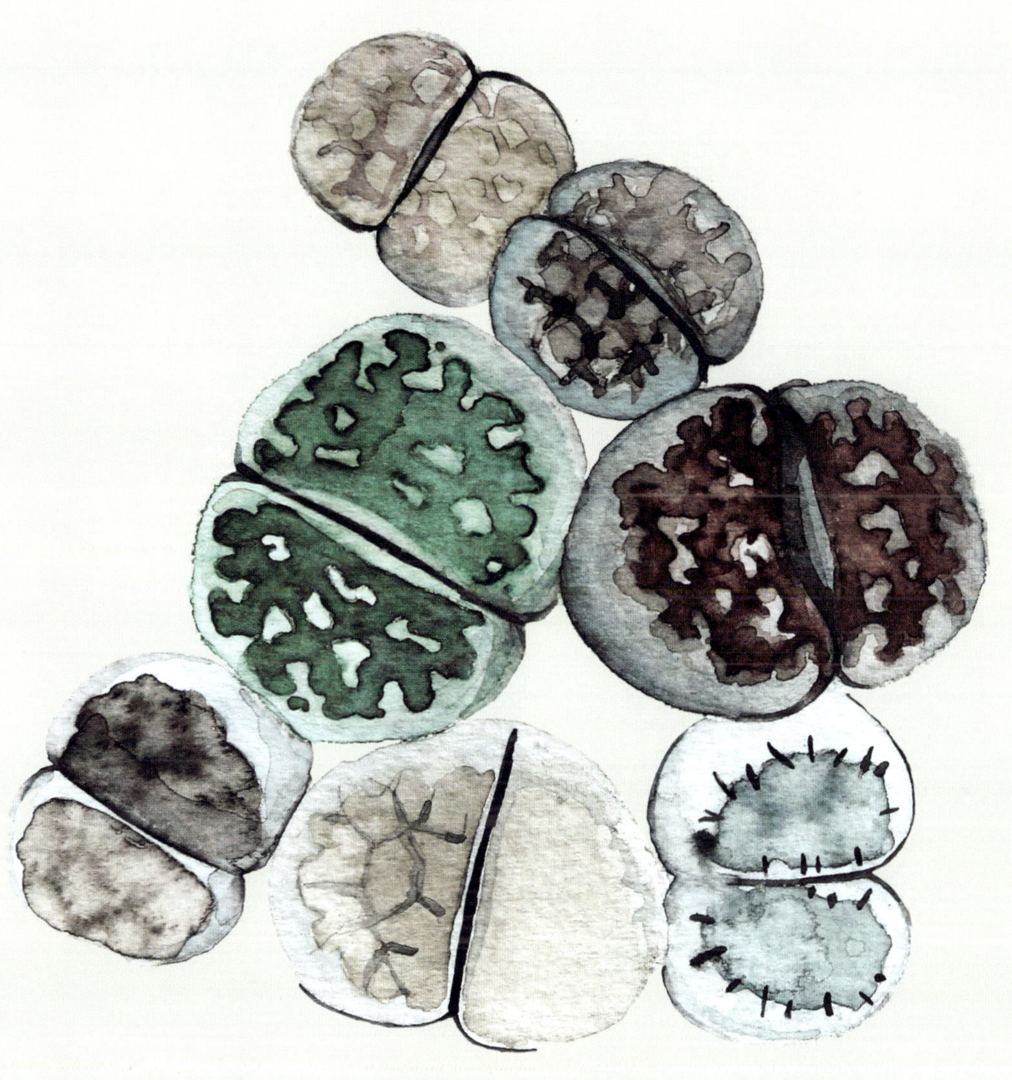

LEBENDE STEINE

LITHOPS

Sedum morganianum

Schlangen-Fetthenne

Südmexiko

Die Schlangen-Fetthenne ist in der letzten Zeit zu einer der beliebtesten Sukkulenten geworden. Mit ihren kleinen fleischigen Blättern rund um die vielen hängenden Triebe sieht diese Pflanze zwar fremdartig aus, eignet sich jedoch hervorragend als Ampelpflanze.

Wachstum und Blattfärbung werden durch direktes Sonnenlicht angeregt. In der Wachstumsphase mäßig gießen und in den Wintermonaten nur alle paar Wochen. Im Sommer zeigen sich mit etwas Glück an den Triebspitzen Büschel mit korallenroten sternförmigen Blüten.

Tragen Sie die Pflanze nur sehr vorsichtig herum, die Blätter fallen bei Berührung leicht ab. Abgefallene Blätter können Sie zur Vermehrung nutzen und auf trockene Erde legen, bis sich Wurzeln bilden.

SCHLANGEN-FETTHENNE

SEDUM MORGANIANUM

Senecio radicans

Hängendes Kreuzkraut

Südafrika

Diese Sukkulente besitzt dünne, lange, hängende Triebe mit verdickten, länglichen, graugrün gefärbten Blättern. Die Blätter sind teilweise transparent und lassen viel Sonnenlicht auf andere Pflanzenteile durchdringen.

Das Hängende Kreuzkraut verträgt niedrige Temperaturen und ist pflegeleicht, eine ideale Zimmerpflanze für Einsteiger. *Senecio radicans* wird vor allem wegen der Form der Blätter kultiviert, bildet jedoch auch mit etwas Glück im späten Winter oder zeitigen Frühjahr kleine, nach Zimt duftende, weiße Blüten.

Die Triebe der schnell wachsenden Sukkulente können bis zu 1 m lang werden. *S. radicans* eignet sich daher besonders als Ampelpflanze. Es tut dem Hängenden Kreuzkraut gut, ab und zu geschnitten zu werden.

HÄNGENDES KREUZKRAUT

SENECIO RADICANS, SENECIO HERREIANUS

KAKTEEN

Austrocylindropuntia subulata

Opuntia subulata

Südamerika

Die Bezeichnung *subulata* trägt dieser Kaktus mit zylindrischen Trieben wegen der pfriemförmigen Blätter. Opuntia subulata wächst zu einem bis zu 4 m hohen Busch heran. Wie die meisten Kakteen ist sie in trockenem Wüstenklima heimisch. Als Zimmerpflanze ist sie sehr genügsam. Im Sommer jede Woche gießen, in den kälteren Monaten sehr viel seltener. Die Pflanze an einen sehr sonnigen Platz stellen. Nach ihrem Aussehen könnte Opuntia subulata zu den Sukkulenten gehören und nicht zu den Kakteen. Bei näherem Hinsehen erkennt man allerdings hellgelbe Dornen. Im Sommer bildet die Pflanze gelegentlich leuchtend rote Blüten an den Triebspitzen.

OPUNTIA SUBULATA

AUSTROCYLINDROPUNTIA
SUBULATA

Chamaelobivia

Seeigelkaktus

Gemischter Ursprung

Der Seeigelkaktus bildet Gruppen aus bis zu 30 kleinen zylindrischen Sprossen. Wenn alle Sprosse gleichzeitig blühen, ist es ein beeindruckendes Bild – leuchtende Sterne in Rosa, Rot oder Gelb. Es gibt zahlreiche Varianten mit einzelnen Bezeichnungen.

Echinopsis ist eine pflegeleichte Pflanze und eignet sich sowohl für Ampeln als auch für Töpfe. Der Seeigelkaktus bevorzugt einen mäßig sonnigen Standort und gedeiht in vielen Regionen sogar ganzjährig im Freien, da er Temperaturen von bis zu –8 °C verträgt.

In den Sommermonaten einmal pro Woche gießen und in den kühleren Wintermonaten nicht gießen, weil in dieser Zeit die Gefahr der Wurzelfäule besteht.

Die Vermehrung ist sehr einfach. Ableger abnehmen und auf trockene Topferde legen, bis sich Wurzeln bilden.

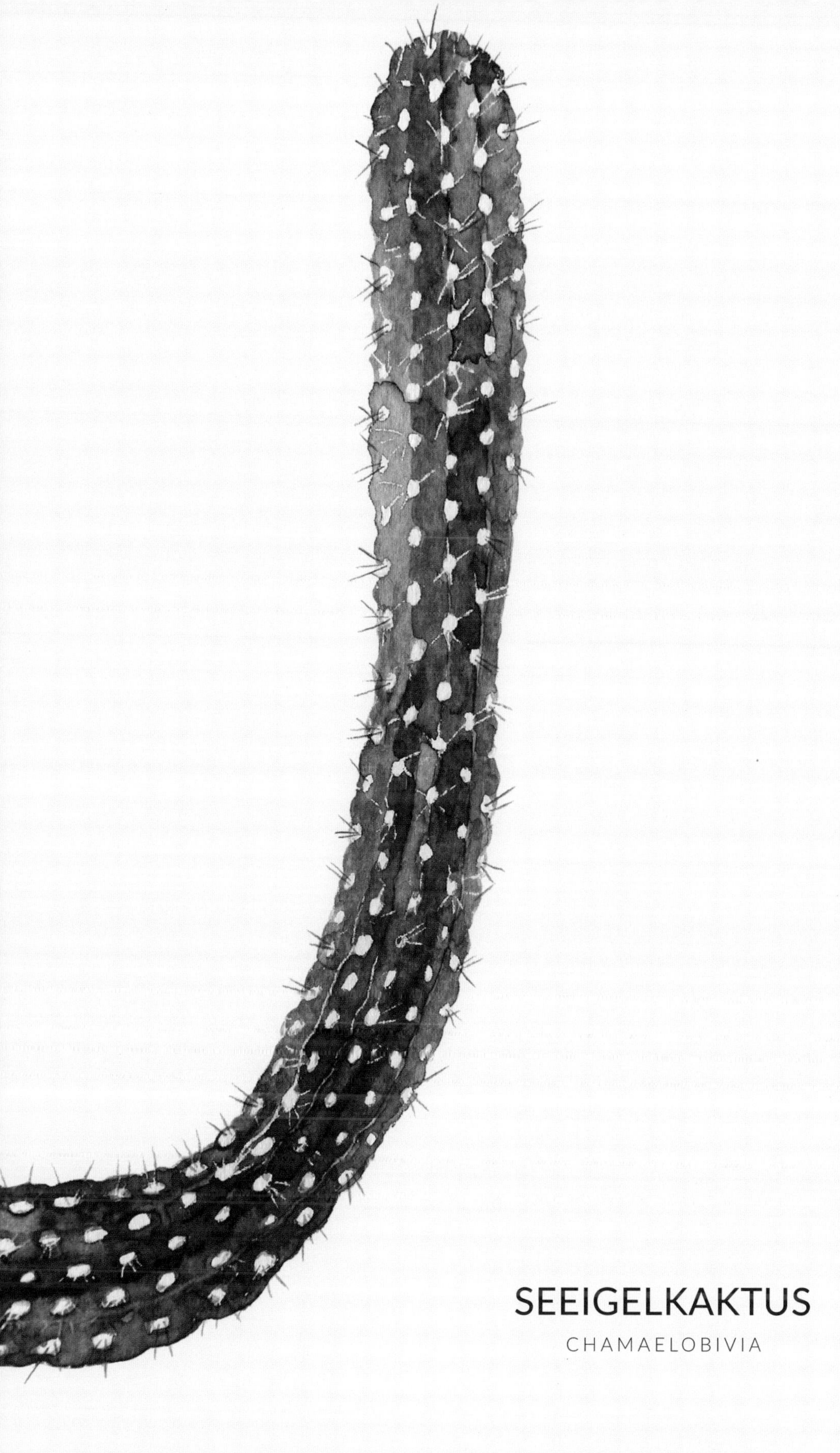

SEEIGELKAKTUS

CHAMAELOBIVIA

Coryphantha elephantidens

Elefantenzahn

Mexiko

Dieser warzige Kugelkaktus kann einen Durchmesser von bis zu 18 cm erreichen. Der Elefantenzahn ist einer der größten Zimmerkakteen. Die sehr spitzen Dornen wachsen auf den Warzenkuppen. Manche Warzen sind mit kleinen Büscheln weicher weißer Haare umgeben.

Der Elefantenzahn bevorzugt einen vollsonnigen Standort und gedeiht kräftig und gesund auf einer sonnigen Fensterbank. Doch selbst mit viel direkter Sonne gelingt es bei der *Coryphantha* als Zimmerpflanze nur mit sehr viel Glück, sie zum Blühen zu bringen. Die Blüten sind groß, rosa gefärbt und sehr auffällig.

Der Elefantenzahn benötigt nur sehr wenig Wasser. Eine Wassergabe pro Woche ist im Sommer ausreichend. Im Winter das Gießen ganz einstellen.

Achten Sie darauf, den klebrigen Saft abzuwischen, der von den Nektardrüsen abgesondert wird. Er trocknet sonst als sehr unansehnliche schwarze Masse aus.

ELEFANTENZAHN

CORYPHANTHA ELEPHANTIDENS

Cryptocereus anthonyanus
Königin der Nacht
Mexiko

Die blassrosa gefärbte Blüte dieser Königin der Nacht zeigt sich nur an älteren, gut eingewurzelten Pflanzen. Sie öffnet sich nur für eine Nacht.

Dieser kriechende Kaktus mit besonders dekorativen Trieben kommt am besten in einer Ampel oder auf einem Regal zur Geltung. In seiner heimischen Umgebung wächst er als Epiphyt auf Bäumen. Die Königin der Nacht in sandige, durchlässige Topferde pflanzen. Im Gegensatz zu den meisten Kakteen bevorzugt *Selenicereus anthonyanus* feuchte Sommer und gedeiht im Halbschatten und in der Sonne. Viel Sonne im zeitigen Frühjahr erhöht die Blühfreudigkeit.

In den Sommermonaten die Topferde ständig leicht feucht halten, jedoch kein Wasser im Topfuntersetzer stehen lassen, sonst kann es leicht zu Wurzelfäule kommen. In den Wintermonaten die Temperatur nicht zu tief sinken lassen und nur minimal gießen.

Die Königin der Nacht wächst gerne in einem kleinen Topf und sollte erst umgetopft werden, wenn der Topf zu eng wird.

KÖNIGIN DER NACHT

CRYPTOCEREUS ANTHONYANUS,
SELENICEREUS ANTHONYANUS

Euphorbia ingens

Riesen-Wolfsmilch

Südafrika

In ihrem natürlichen Lebensraum wächst die Riesen-Wolfsmilch als großer Busch mit einer ballonförmigen Krone. Sie ist eine besondere Schönheit unter den Kakteen. Die hohen geschwungenen Rippen sind dicht mit Dornen besetzt und viele Sprosse an ihren Enden mit Blüten. Sie ist pflegeleicht und eine willkommene Ergänzung für jeden Sukkulenten- und Kakteengarten. Wie ihr Name schon sagt, kann die Riesen-Wolfsmilch unter den entsprechenden Bedingungen sehr groß werden, beispielsweise in Trockengebieten Kaliforniens. Doch auch als Zimmerpflanze lässt sie sich gut kultivieren und wächst dort eher in der Form eines Kerzenleuchters. Beim Einpflanzen darauf achten, dass die Erde vollständig trocken ist, damit die Wurzeln keinen Schaden nehmen. Dieser Kaktus wächst schnell und selbst in den größten Töpfen wird es ihm bald zu eng. Die Vermehrung ist sehr einfach. Einen Trieb abschneiden und die Schnittstelle einige Tage trocknen lassen. Dann in sandige Erde setzen.

RIESEN-WOLFSMILCH

EUPHORBIA INGENS

Euphorbia milii
Christusdorn
Madagaskar

Dieser Kaktus ist eine dichte strauchartige Pflanze, die bis zu 1 m groß werden kann. Die Zweige sind mit kurzen spitzen Dornen besetzt, ansonsten wirkt der Christusdorn nicht wie ein Kaktus. Die Triebe tragen kleine, ovale grüne Blätter. Von unten her verkahlt der Christusdorn nach einigen Monaten und es bleiben nur die Blätter an den oberen Zweigen. Im Frühjahr und Sommer trägt dieser Kaktus viele leuchtend rote Blüten.

Der Christusdorn bevorzugt einen sonnigen Standort, sollte allerdings im Sommer vor starker direkter Mittagssonne geschützt werden. In den Wintermonaten kann er jedoch nicht genug Mittagssonne bekommen.

In den Sommermonaten einmal pro Woche reichlich gießen. Die Topferde bis zum nächsten Gießen vollständig austrocknen lassen. In den Wintermonaten sehr viel seltener gießen, alle paar Wochen ist ausreichend.

Vermehren lässt sich der Christusdorn durch Stecklinge. Im Frühjahr oder Sommer Triebe abschneiden, einige Tage antrocknen lassen und dann in Topferde setzen. Tragen Sie dabei Handschuhe; wegen der Dornen ist es eine stachelige Angelegenheit.

CHRISTUSDORN

EUPHORBIA MILII

Euphorbia tirucalli

Bleistiftstrauch, Milchbusch, Gummihecke

Afrika

Der in Afrika heimische sukkulente Baum lässt sich gut als Zimmerkaktus ziehen. Bei guter Pflege wechseln die Sprosse durch intensive Sonneneinstrahlung oder Trockenheit wie in ihrer heimischen Umgebung ihre Farbe, von leuchtend Grün bis Rot. Einen Standort mit einigen Sonnenstunden pro Tag wählen.

In sandige, durchlässige Topferde pflanzen. Am besten einen unglasierten Tontopf verwenden, der überschüssige Feuchtigkeit verdunsten lässt.

Der Bleistiftstrauch verträgt Zugluft und muss im Sommer nur alle zwei bis drei Wochen gegossen werden. Wenn es in den Wintermonaten kälter wird, nicht mehr gießen, da die Pflanze eine Ruhephase einlegt. In dieser Zeit können Wassergaben leicht zu Wurzelfäule führen. Lediglich vorsichtig gießen, wenn Sprosse an den Enden anfangen zu welken.

Wenn Sprosse abbrechen, tritt ein milchig-weißer Saft aus. Dieser kann für Tiere giftig sein und bei Menschen Hautirritationen auslösen.

BLEISTIFTSTRAUCH, MILCHBUSCH, GUMMIHECKE

EUPHORBIA TIRUCALLI

Euphorbia trigona

Dreirippige Wolfsmilch

Zentralafrika

Mit ihrem schlanken aufrechten Spross, der sich in vier oder fünf Nebentriebe verzweigt, ist die Dreirippige Wolfsmilch einer der zierlichsten Kakteen. Diese Pflanze verträgt Kälte bis –3 °C. Man sieht sie fast ausschließlich als Zimmerpflanze, in der Natur kommt sie kaum noch vor. Es ist zwar ein winterharter Kaktus, dennoch sollten Sie ihn nicht zu frostigen Bedingungen aussetzen. Wählen Sie einen gut belüfteten Standort, da die Pflanze hohe Feuchtigkeit schlecht verträgt. Die Dreirippige Wolfsmilch nur zwei oder drei Mal pro Monat gießen. Bei dieser Pflanze kommt es leicht vor, dass sie aufgrund ihrer Höhe und ihres kleinen Wurzelwerks umkippt. Tragen Sie zum Anfassen dieser Pflanze Handschuhe, da selbst ein kleiner Tropfen des milchigen Safts Hautirritationen hervorrufen kann.

DREIRIPPIGE WOLFSMILCH

EUPHORBIA TRIGONA

Ferocactus gracilis
Schlanker Ferokaktus
Mexiko

Dieser Kugelkaktus mit leuchtend roten Dornen ist eine kleine rundliche Solitärpflanze, die nur langsam wächst. Achtung, manche Dornen tragen an den Enden spitze Widerhaken.

In der Natur sind diese Kakteen den ganzen Tag voller Sonne ausgesetzt. Damit die schöne Rotfärbung der Dornen entsteht, sollte der Schlanke Ferokaktus auch als Zimmerpflanze das ganze Jahr möglichst viel direktes Sonnenlicht genießen. In milden Regionen und bei warmem Wetter kann er sich vom späten Frühjahr und im Sommer auch im Freien sonnen.

In sandige, durchlässige Topferde pflanzen. *Ferocactus gracilis* fühlt sich in feuchter Umgebung nicht wohl, wählen Sie daher einen kühlen, luftigen Standort. In der aktiven Wachstumsphase im Sommer einmal pro Woche mäßig gießen. Darauf achten, dass die Topferde vor der nächsten Wassergabe austrocknet. Im Winter sehr viel zurückhaltender gießen. Wassertropfen auf seinem Kopf verträgt der Schlanke Ferokaktus schlecht.

Er bildet keine Ableger und kann nur aus Samen vermehrt werden.

SCHLANKER FEROKAKTUS

FEROCACTUS GRACILIS

Gymnocalycium bruchii

Bruchs Gymnocalycium

Argentinien

Dieser Kaktus verträgt besonders viel Kälte und Trockenheit und gedeiht unter vielen Bedingungen. Gymnocalycium bedeutet wörtlich ‚nackter Blütenkelch'; die Blüte besitzt tatsächlich weder Härchen noch Dornen. Der breitkugelige Stamm treibt schnell Ableger, die ein großflächiges Polster bilden.

Bruchs Gymnocalycium toleriert zwar viele Bedingungen, gedeiht jedoch am besten in voller Sonne. In den heißesten Sommermonaten ist es auch für etwas Schatten am Nachmittag dankbar. Viel Sonne fördert die Bildung der rosa gefärbten Trichterblüten, die sich im Frühjahr und Sommer zeigen. In den Sommermonaten regelmäßig gießen und im Winter sehr viel weniger. Die Topferde zwischen den Wassergaben austrocknen lassen.

Vermehren lässt sich *Gymnocalycium bruchii* durch Ableger. Ausläufer abnehmen und auf trockener Topferde verhärten lassen, bis sich Wurzeln bilden, dann eintopfen.

BRUCHS GYMNOCALYCIUM

GYMNOCALYCIUM BRUCHII

Lepismium bolivianum
Bolivianischer Blattkaktus
Bolivien, Südamerika

Die flachen Sprosse von *Lepismium bolivianum* wachsen wie Lanzen aus einem mittleren Trieb heraus. Viel weniger gefährlich wirkt dieser Kaktus, wenn er blüht. Dann sind die Rippen der Sprosse mit weiß, rosa oder leicht orange gefärbten Blüten besetzt. Am besten gedeiht dieser Kaktus in einer Ampel, in der die Triebe frei hängen können. Der Bolivianische Blattkaktus bevorzugt wenig Wasser und Schatten, ist ansonsten nicht anspruchsvoll. Im Frühjahr großzügig gießen, etwa einmal pro Woche. In den Wintermonaten bis zum nächsten Gießen die Topferde vollständig austrocknen lassen.

Der Blattkaktus ist leicht zu vermehren. An einem holzigen Spross einen Steckling abschneiden, die Schnittstelle sich verhärten und bewurzeln lassen.

BOLIVIANISCHER BLATTKAKTUS

LEPISMIUM BOLIVIANUM

Myrtillocactus geometrizans

Heidelbeerkaktus

Mexiko

Dieser robuste Kaktus besitzt breite blau-graue Sprosse, aus denen Nebentriebe eine dichte Krone bilden. Aus den Aureolen wachsen in Dreier- oder Vierergruppen kurze Dornen, die in der Regel höchstens 2 cm lang werden. Die Rippen sind in regelmäßigen Abständen damit besetzt.

Junge Pflanzen bevorzugen leichten Schatten, ältere Pflanzen benötigen viel direkte Sonne, damit sie Blüten und Früchte ansetzen können. In den Sommermonaten einmal pro Woche gießen. In den kühleren Wintermonaten lediglich dafür sorgen, dass die Sprosse nicht welken.

Wie alle Kakteen auch den Heidelbeerkaktus in sandige Topferde pflanzen. Beim Umtopfen darauf achten, dass die Wurzeln gut angedrückt sind. Dieser Kaktus bekommt sonst leicht Übergewicht und kippt um.

HEIDELBEERKAKTUS

MYRTILLOCACTUS GEOMETRIZANS

Opuntia microdasys 'Albata'

Hasenohrkaktus

Mexiko

Der Hasenohrkaktus ist sehr weit verbreitet und wird wegen seiner flachen runden Sprosse geschätzt. Besonders bekannt ist die Goldopuntie mit goldgelb gefärbten Glochiden an den Areolen. *Microdasys albata* besitzt pelzige weiße Glochiden. Diese sehen zwar sehr hübsch aus, sind allerdings borstenartige Dornen mit Widerhaken, die Hautirritationen hervorrufen können.

Opuntien mögen während des ganzen Jahres so viel direkte Sonne wie möglich. Der ideale Standort ist vor allem im Winter eine Fensterbank ohne Zugluft. Der Hasenohrkaktus bevorzugt warme Winter. Wenn die Temperaturen zu stark sinken, bilden sich braune Stellen an den Sprossen.

Während der aktiven Wachstumsphase im Frühjahr und Sommer mäßig gießen. Die Topferde dabei durchfeuchten, doch vor der nächsten Wassergabe wieder vollständig austrocknen lassen. Der Hasenohrkaktus verträgt viel mehr Wasser als die meisten Kakteen und welkt bei zu starker Trockenheit im Sommer. In den Wintermonaten sehr viel zurückhaltender gießen.

HASENOHRKAKTUS

OPUNTIA MICRODASYS ‚ALBATA‘

Pachycereus marginatus

Perlbandkaktus

Mexiko

Die schlanken säulenförmigen Triebe des Perlbandkaktus erreichen in seiner heimischen Umgebung Wuchshöhen von 3–4 m. Die bis zu neun Rippen besitzen gelegentlich eine gelbliche Färbung. Dieser prächtige Kaktus kann, sobald er eingewurzelt ist, Jahrzehnte im gleichen Topf bleiben, solange er ausreichend Sonne und Wärme bekommt. In den Sommermonaten gießen, vor allem junge Pflanzen. Die Topferde zwischen den Wassergaben austrocknen lassen. Beim Umtopfen keine zu feuchte Erde verwenden, da die Wurzeln sonst faulen können.

PERLBANDKAKTUS
PACHYCEREUS MARGINATUS

Peyote Lophophora williamsii

Schnapskopf, Peyote

Texas und Mexiko

Der Schnapskopf wird wegen seines Gehalts an halluzinogen wirkendem Meskalin gesammelt und von verschiedenen indigenen Völkern in Nord- und Mittelamerika zur Erzeugung kultischer Rauschzustände genutzt. Er besitzt einen rundlichen, oben abgeflachten Stamm. Die weichen, rundlich-flachen Rippen besitzen sehr kurze weiße Haare. Der Peyote bildet dichte Kolonien. Die einzelnen Pflanzen besitzen lange Wurzeln. Zum Umtopfen daher hohe Töpfe verwenden. Der Schnapskopf zieht einen schattigen Standort direktem Sonnenlicht vor und kommt mit extrem trockenen Bedingungen zurecht. Aufgrund der rundlichen Form kann er besonders viel Wasser speichern. In den Sommermonaten öffnen sich in der Kaktusmitte zahlreiche weiße oder rosa gefärbte Blüten. Aufgrund des Meskalingehalts wird dieser Kaktus für Drogenkonsum missbraucht, allerdings auch für medizinische Zwecke genutzt.

SCHNAPSKOPF, PEYOTE

LOPHOPHORA WILLIAMSII

Schlumbergera Buckleyi

Weihnachtskaktus, Gliederkaktus

Südamerika und Mexiko

In seinem heimischen Umfeld wächst der Weihnachtskaktus in den Humusansammlungen der Astgabeln von großen Bäumen. Versuchen Sie, diese Regenwaldbedingungen zu Hause nachzuahmen. *Schlumbergera* bildet zahlreiche reich verzweigte Sprosse. Die einzelnen Glieder sind flach und breit. Die Ränder sind eingekerbt und mit kleinen borstigen Areolen besetzt. An den Endareolen der einzelnen Sprosse sitzen in den Wintermonaten die leuchtend rosa oder rot gefärbten Blüten.

Wie viele andere Kakteen genießt der Weihnachtskaktus frühe Morgensonne und späte Nachmittagssonne, direkte Sonne verträgt er nicht. Den Kaktus vom zeitigen Frühjahr bis zum Spätherbst auf eine leicht beschattete Fensterbank stellen. Je weniger intensive Sonnenstrahlung im Winter, desto besser. In den wärmeren Sommermonaten steht der Weihnachtskaktus auch gerne im Freien und wird dadurch blühfreudiger. Allerdings muss er rechtzeitig, bevor das Wetter kühler wird, wieder in die Wohnung umziehen.

Die meiste Zeit des Jahres so gießen, dass die Topferde immer feucht ist. In der Zeit nach der Blüte braucht die Pflanze Ruhe. In dieser Zeit sehr sparsam gießen. Der Weihnachtskaktus verträgt kein hartes Wasser und sollte am besten mit Regenwasser und nicht mit Leitungswasser gegossen werden.

WEIHNACHTSKAKTUS, GLIEDERKAKTUS

SCHLUMBERGERA BUCKLEYI

BLÜHPFLANZEN

Anigozanthos manglesii

Känguru-Blume

Australien

Diese faszinierende Pflanze ist in den letzten Jahren als Zimmerpflanze in den Handel gekommen, und noch zählt sie zu den Raritäten auf der Fensterbank. Ungeachtet seines tropischen Aussehens gedeiht die Känguru-Blume unter relativ kühlen, schattigen Bedingungen und mag trockene Luft, Besprühen mit Wasser ist nicht notwendig. Der Trivialname Känguru-Blume leitet sich von den wolligen Blüten ab, welche über die grasartigen Triebe hinausragen und an Känguru-Pfoten erinnern. In seinem natürlichen Lebensraum zieht die leuchtend rote Farbe der Blüten Vögel und Wildtiere an. In durchlässige Topferde pflanzen und an einen hellen, luftigen und geräumigen Platz stellen. Die Blüten können bis zu 1,5 m hoch werden. Die Topferde in der Wachstumsphase leicht feucht halten, und im Winter zurückhaltender gießen.

KÄNGURU-BLUME

ANIGOZANTHOS MANGLESII

Anthurium scherzerianum
Kleine Flamingoblume
Mexiko

Es gibt mehr als 500 Arten von Anthurien, doch nur wenige sind für die Zimmerkultur geeignet. Die Kleine Flamingoblume gehört dazu. Man erkennt die Flamingoblume an den prächtigen, leuchtend roten, wachsartigen Blütenblättern mit einem Blütenkolben. Man könnte sie für künstliche Blüten halten, da sie sehr lange blühen.

Anthurium ist nicht leicht zu kultivieren. Es benötigt feuchte Bedingungen und viel Licht, allerdings keine direkte Sonne und verträgt keine Zugluft. In der Regel muss die Kleine Flamingoblume jedes Frühjahr umgetopft werden. Beim Umtopfen darauf achten, dass die Topferde durchlässig ist. Die Pflege der Anthurie ist zwar eine Herausforderung, doch wenn sich zwischen den dunkelgrünen Blättern die spektakulären Blüten zeigen, hat sich der Aufwand gelohnt.

KLEINE FLAMINGOBLUME

ANTHURIUM SCHERZERIANUM

Begonia coccinea
Engelsflügel-Begonie
Brasilien

Die Engelsflügel-Begonie ist eine der größten Strauchbegonien, die ohne Rückschnitt bis zu 2 m groß werden kann. Man platziert sie heute gerne auf Augenhöhe, damit die schönen rot gefärbten Blattunterseiten zur Geltung kommen.

Begonia coccinea vor direkter Sonneneinstrahlung und zu trockener Luft schützen. Etwas Morgensonne und den verbleibenden Tag Schatten sind ideal – in direkter Sonne verbrennen die Blätter leicht. Vom Frühjahr bis zum Herbst die Engelsflügel-Begonie regelmäßig gießen und gelegentlich mit Wasser besprühen, damit die Luft um die Pflanze feucht genug ist, vor allem während der Blüte.

In den Wintermonaten weniger gießen und erst, wenn die Topferde oberflächlich ausgetrocknet ist. Zu starkes Wässern vertragen Begonien sehr schlecht. Damit die Pflanze buschiger wird, können die Triebe im zeitigen Frühjahr etwas zurückgeschnitten werden.

Diese Begonie bildet während der Sommermonate hängende Trauben kleiner wachsartiger Blüten, die hellrosa bis leuchtend rot gefärbt sind. Die Blüten welken sehr schnell, wenn die Topferde zu trocken ist.

ENGELSFLÜGEL-BEGONIE

BEGONIA COCCINEA

Ceropegia woodii

Leuchterblume

Südafrika

Ceropegia woodii ist eine beliebte und pflegeleichte Zimmerpflanze. Die fadendünnen purpurroten, hängenden Stängel werden 1–3 m lang. Entlang der Stängel entwickeln sich kleine, an der Oberseite dunkelgrün und an der Unterseite purpurrot fleckig gefärbte Blätter an kurzen Stielen. Manche der farbenfrohen Blüten erinnern an Kandelaber. So entstand wohl auch der deutsche Trivialname Leuchterblume.

Die Leuchterblume benötigt täglich mindestens drei bis vier Stunden direktes Sonnenlicht, damit sich die Blattfarbe entwickelt. Sie gedeiht gut in einer Ampel in der Nähe eines Fensters bei normaler Zimmertemperatur, kühle Zugluft verträgt sie nicht.

Während der aktiven Wachstums- und Blühphase wenig gießen, da die Leuchterblume als Sukkulente Wasser in den Blättern speichert. Die Topferde lediglich leicht feucht halten. In der Ruhephase im Winter die Wassergaben noch weiter reduzieren. Nur so viel gießen, dass die Blätter nicht welken.

Die Leuchterblume lässt sich in der Wachstumsphase leicht vermehren. Sie bildet an den Enden der Stängel neue Triebe, die sich leicht abschneiden lassen. In sandiger Topferde Wurzeln ziehen lassen.

LEUCHTERBLUME

CEROPEGIA WOODII

Clivia miniata
Klivie, Riemenblatt
Südafrika

Diese beliebte Zimmerpflanze mit den riemenartigen Blättern, die grundständig aus der Mitte herauswachsen, kann fast 1 m Spannweite erreichen. Sie benötigt daher ausreichend Platz. Die Klivie blüht im zeitigen Frühjahr; dann zeigen sich die dicken Blütenschäfte zwischen den Blättern. Aus jedem Schaft öffnen sich bis zu 15 trichterförmige Blüten in leuchtenden Rot- und Orangetönen.

In den Sommermonaten regelmäßig gießen und die Topferde ständig feucht halten. Mit den sinkenden Temperaturen im Herbst auch seltener gießen. Ab dem Spätherbst benötigt die Klivie eine Winterruhe. Die Wassergaben so weit reduzieren, dass die Topferde fast trocken ist, und die Pflanze bei etwa 10 °C kühl stellen. In dieser sechs- bis achtwöchigen Ruhephase bereitet die Pflanze die Blüte vor. Sobald sich die Blütenschäfte zeigen, wieder mehr gießen.

Der ideale Standort für die Klivie ist ein heller Platz mit früher Morgensonne oder später Nachmittagssonne. In direkter Mittagssonne verbrennen die Blätter leicht, und bei zu wenig Sonne nimmt die Blühfreudigkeit ab. Nach der Blüte fallen die Blütenblätter ab und es verbleiben Früchte an den Blütenschäften. Diese Früchte abschneiden, damit das Riemenblatt im nächsten Jahr wieder reichlich blüht.

KLIVIE, RIEMENBLATT

CLIVIA MINIATA

Cypripedium acaule
Stängelloser Frauenschuh
Nordamerika

Eine schwer zu kultivierende Pflanze, doch mit der entsprechenden Aufmerksamkeit und Pflege blüht der Stängellose Frauenschuh viele Jahre. Die beiden Blätter von *Cypripedium acaule* wachsen direkt aus der Wurzel. Eine leuchtend rosa gefärbte Blüte ziert den langen dünnen Trieb dieser besonders zarten Zimmerorchidee. Die Orchidee benötigt während ihrer gesamten Lebensdauer gleichbleibende Temperatur und Feuchtigkeit, daher wird sie häufig in einem Terrarium oder unter einer Glasglocke kultiviert. Die Topferde für Orchideen muss sehr durchlässig sein. Tontöpfe mit speziellen Löchern und Drahtkörbe sind geeignet. Die Wurzeln mögen ebenfalls Sonnenlicht, daher empfiehlt es sich, den Topf nur teilweise mit einer sauren Topferde oder Tongranulat zu füllen.

Wilde Orchideen leben als Epiphyten in den Astgabeln großer Bäume und sind von direkter Sonne häufig abgeschirmt. Daher mögen sie lichten Schatten. An einem Fenster mit früher Morgensonne oder später Nachmittagssonne lassen sich diese Bedingungen am besten nachahmen. In den Wintermonaten benötigen Orchideen für die nötige Lichtmenge gegebenenfalls etwas künstliches Licht.

Wegen des Kaltgehalts ist Leitungswasser zum Gießen nicht geeignet; am besten mit gesammeltem Regenwasser gießen.

STÄNGELLOSER FRAUENSCHUH

CYPRIPEDIUM ACAULE

Hibiscus rosa-sinensis

Chinesischer Roseneibisch, Zimmer-Hibiskus

Ostasien

Der Chinesische Roseneibisch ist wegen der auffälligen großen Blüten und der glänzenden dunkelgrünen Blätter beliebt. Die trichterförmigen Blüten sind rosa, gelb, weiß oder rot gefärbt. In der Mitte der Blüte ragt der Stempel mit Staubblättern hervor. Die einzelnen Blüten blühen nur einen Tag, doch die Blühphase ist lang.

Den Zimmer-Hibiskus am besten in ein großes Pflanzgefäß setzen und vom zeitigen Frühjahr bis zur Herbstmitte reichlich gießen. Die Pflanze wässern, bis das Wasser am Boden aus dem Topf fließt, jedoch nicht mehr als einige Stunden im Wasser stehen lassen, damit die Wurzeln nicht faulen. In den kühleren Wintermonaten nur noch sehr wenig gießen. Im späten Winter können überstehende Zweige zurückgeschnitten werden, damit die immergrüne Pflanze in Form bleibt.

Der Zimmer-Hibiskus kommt gut ohne direktes Sonnenlicht aus, doch einige Stunden direkte Sonne pro Tag fördern die Blütenbildung.

Getrocknete Hibiskus-Blätter sind essbar und gelten in Mexiko als Delikatesse. Man kann sie kandieren oder als Garnierung verwenden.

CHINESISCHER ROSENEIBISCH, ZIMMER-HIBISKUS

HIBISCUS ROSA-SINENSIS

Jasminum polyanthum

Zimmer-Jasmin

China und Burma

Diese Kletterpflanze ist eine schöne und beliebte Zimmerpflanze. Zimmer-Jasmin wächst schnell und ist pflegeleicht. Er kann bis zu 3 m lange Triebe bilden; diese müssen daher mit Stäben, Metallringen oder anderen Rankhilfen gestützt und gebändigt werden. Eine besondere Attraktion dieser Pflanze sind die stark duftenden Blüten. Im späten Winter oder zeitigen Frühjahr öffnen sich zahlreiche rosa gefärbte röhrenförmige Knospen als kleine weiße, sternförmige Blüten.

Zimmer-Jasmin gedeiht in der Sonne und im leichten Schatten. Den Sommer verbringt er gerne draußen an einer warmen Stelle, muss jedoch rechtzeitig vor den kalten Wintermonaten wieder ins Haus umziehen. Die Topferde in der Wachstumsphase ständig feucht halten. Vor allem während der Blüte die Pflanze am besten häufig mit Wasser besprühen und dadurch die Luftfeuchtigkeit erhöhen.

ZIMMER-JASMIN

JASMINUM POLYANTHUM

Medinilla magnifica

Medinille

Philippinen

In ihrem natürlichen Lebensraum wächst *Medinilla magnifica* als Epiphyt auf Bäumen, mit Vorliebe in Gabeln großer Äste. Aufgrund der hängenden Blüten eignet sie sich hervorragend als Ampelpflanze. Die Medinille ist eine Staude und lässt sich zwei oder mehr Jahre zum Blühen bringen. Als Zimmerpflanze sind viele Medinillen jedoch recht kurzlebig.

Die glänzenden, dicken geäderten Blätter sind mit ihren gewellten Rändern attraktiv, doch die eigentliche Schönheit dieser Pflanze liegt in den auffälligen Blüten, die sich im späten Frühjahr zeigen. An einem feinen, langen gebogenen Stiel geben mehrere Stufen rosa gefärbter Deckblätter nach und nach den Blick auf unzählige rosa gefärbte Blüten frei. Die Pflanze benötigt eine gleichmäßig warme Umgebung und die Luft sollte ständig feucht sein. Häufig mit Wasser besprühen und einen hellen Standort ohne direkte Sonne wählen.

MEDINILLE

MEDINILLA MAGNIFICA

Nepenthes

Kannenpflanzen

China, Indonesien, Malaysia

Einige Pflanzen haben nicht das Glück, aus der Erde ausreichend Nährstoffe ziehen zu können und haben sich zu fleischfressenden Pflanzen entwickelt, die aus Insekten Nährstoffe gewinnen. Die Form der Insektenfalle erinnert an eine Kanne, daher die Bezeichnung Kannenpflanzen.

Nepenthes gehören zu den beliebtesten fleischfressenden Zimmerpflanzen. Es gibt verschiedene Arten und Hybriden, die unter ähnlichen Bedingungen gedeihen. Kannenpflanzen eignen sich gut als Ampelpflanzen, so können die leuchtend gefärbten Kannen mit geöffnetem Deckel herunterhängen und auf Insekten warten, die in die Falle gehen. Sobald ein Insekt in die Falle gerät, ertrinkt es in der sauren Verdauungsflüssigkeit, die auf dem Kannengrund steht.

Nepenthes sind als Zimmerpflanze nützlich gegen Insekten, benötigen allerdings sehr viel Pflege. Spezielle Topferde für fleischfressende Pflanzen verwenden und ständig feucht halten. Kannenpflanzen regelmäßig mit Wasser besprühen. Außerdem am besten statt Leitungswasser Regenwasser zum Gießen verwenden.

KANNENPFLANZEN

NEPENTHES

Oxalis tetraphylla
Glücksklee
Mexiko

Es gibt viele verschiedene Arten Oxalis. Als Zimmerpflanze besonders beliebt ist *Oxalis tetraphylla*. Die kleeartigen Blätter besitzen eine dunkle, rot schattierte Färbung und reagieren stark auf Licht.

Es ist daher eine abwechslungsreiche Pflanze: Tagsüber öffnen sich die Blätter und nehmen Sonnenlicht auf; nachts schließt sie sich wie ein Schirm. Die aparten Blätter sind das Attraktivste an dieser Pflanze, doch im Sommer zeigen sich auch hübsche kleine trichterförmige, hellrosa gefärbte Blüten.

Der Glücksklee wächst aus kleinen Knollen und benötigt in der Wachstumsphase sehr viel Wasser. Die Topferde ständig feucht halten. Durchlässige Topferde verwenden und Staunässe vermeiden. Im Winter sehr wenig gießen. Glücksklee wird wegen seines scharfen säuerlichen Geschmacks gerne an Salate gegeben; in größeren Mengen ist er jedoch giftig. Für Katzen und Hunde gilt er als gesundheitsschädlich.

GLÜCKSKLEE

OXALIS TETRAPHYLLA

Spathiphyllum wallisii

Einblatt, Blattfahne, Friedenslilie

Nord- Mittel- und Südamerika und Südostasien

Das allseits beliebte und schöne Einblatt besitzt eine zarte weiße, kelchförmige Blüte sowie glänzende grundständige Blätter. Die Pflanze vor direktem Sonnenlicht schützen – sie fühlt sich an einem leicht schattigen Standort am wohlsten. Das Einblatt wächst schnell zu einer buschigen Staude heran und muss in der Regel jedes Frühjahr umgetopft werden. Ausreichend gießen und die Topferde ständig feucht halten. Die Blätter regelmäßig mit Wasser besprühen.

EINBLATT, BLATTFAHNE, FRIEDENSLILIE

SPATHIPHYLLUM WALLISII

Strelitzia reginae
Paradiesvogelblume
Südafrika

Die schönen dekorativen Blüten der Paradiesvogelblume sind Grund für ihre Beliebtheit, sowohl in ihrer natürlichen Umgebung in Südafrika als auch im Haus. Die aufragende Pflanze kann bis zu 2 m groß werden. Ihre Blätter erinnern an Bananenblätter. Die leuchtend orange und blau gefärbten Blüten sind sehr auffallend. In warmen Regionen, in denen die Paradiesvogelblume im Freien wachsen kann, ziehen die Blüten Nektarvögel und Webervögel an, die gerne auf den Stängeln sitzen und den Nektar aus den Blüten saugen.

Als Zimmerpflanze ist die Paradiesvogelblume recht schwer zu kultivieren. Die Temperatur sollte ständig bei 12 °C liegen, und die Pflanze benötigt so viel Licht wie möglich. Wenn Sie eine Jungpflanze kaufen, brauchen Sie Geduld, denn es kann bis zu sechs Jahre dauern, bis die exotischen Frühjahrsblüten erscheinen. Es lohnt sich jedoch, darauf zu warten und sich von dieser einzigartigen Pflanze verzaubern zu lassen.

PARADIESVOGELBLUME

STRELITZIA REGINAE

GRÜNPFLANZEN

Adiantum raddianum

Dreieckiger Frauenhaarfarn, Brasilianisches Frauenhaar

Mittel- und Südamerika

Der Dreieckige Frauenhaarfarn eignet sich ideal für ein Terrarium oder einen Wintergarten. Er benötigt einen feuchten und schattigen Standort. Mit dem interessanten Kontrast zwischen dunklen filigranen Zweigen und hellgrünen Blättern bereichert er jede Farnsammlung. Allerdings ist er auch eine der sensibelsten Zimmerpflanzen mit seinen zarten Blättern an den dünnen Zweigen. Der tägliche Pflegeaufwand ist hoch. Einerseits muss er regelmäßig mit Wasser besprüht werden, andererseits ist es wichtig, dass keinerlei Staunässe entsteht und das Wasser gut abläuft. In der Natur wächst der Dreieckige Frauenhaarfarn zwischen Felsen an Flüssen und Wasserfällen. Auf durchlässige Topferde achten, in schwerer feuchter Erde faulen die Wurzeln.

DREIECKIGER FRAUENHAARFARN, BRASILIANISCHES FRAUENHAAR

ADIANTUM RADDIANUM

Alocasia 'Portodora'

Pfeilblatt-Hybride

Gemischter Ursprung

Die Pfeilblatt-Hybride *'Portodora'* ist eine der größten Zimmerpflanzen und besitzt große, gerippte, aufstrebende Blätter mit elegant gewellten Rändern. Diese Pflanze bevorzugt morgens und abends einen vollsonnigen Standort; in direkter Mittagssonne verbrennen die Blätter jedoch und werden braun.

Wenn die Topferde in den Sommermonaten schnell austrocknet, reichlich gießen. In den kühleren Wintermonaten sparsamer; die Topferde allerdings immer feucht halten. Entsprechend zur Größe der Pflanze ein großes Pflanzgefäß verwenden, damit die Wurzeln ausreichend Platz haben und die Wassergaben gut ablaufen können. Außerdem besteht in einem zu kleinen Topf die Gefahr, dass die Pflanze umkippt.

Da die Portodora sehr ausladend ist, entfaltet sie ihre Wirkung am besten in einer Ecke in einem großen Raum.

PFEILBLATT-HYBRIDE

ALOCASIA 'PORTODORA'

Alocasia zebrina
Zebra-Alokasie
Philippinen

Diese Zimmerpflanze wird nicht überall angeboten. Ihre Besonderheit liegt in den äußerst dekorativ gestreiften Stielen der pfeilförmigen Blätter.

Alokasien sind tropische Pflanzen und mögen die warmen und feuchten Bedingungen des Regenwalds. Sie kommen in einem warmen Wohnzimmer zurecht, bevorzugen jedoch die feuchte Luft in einem Badezimmer oder einem Gewächshaus.

Die Topferde ständig feucht halten und die Blätter regelmäßig mit Wasser besprühen. In den warmen Sommermonaten einmal pro Woche gießen; wenn die Temperaturen sinken, die Wassergaben stark reduzieren.

A. zebrina ist ein Sonnenanbeter; vor allem in den Wintermonaten auf einen hellen Standort achten, damit die Blätter so viel Licht wie möglich bekommen.

ZEBRA-ALOKASIE

ALOCASIA ZEBRINA

Araucaria heterophylla
Zimmertanne, Norfolk-Tanne
Norfolkinsel, Australien

Araucaria heterophylla ist die einzige Konifere, die als Zimmerpflanze kultiviert werden kann. In ihrer heimischen Umgebung kann sie bis zu 60 m hoch werden, als Zimmerpflanze wird sie selten höher als 2 m. Die langsam wachsende Zimmertanne bildet in Stufen angeordnete aufgefächerte Zweige. Kleine Setzlinge dieser Konifere werden gerne in Terrarien kultiviert.

Die Norfolk-Tanne mag helles Licht und verträgt etwas direkte Sonne, benötigt jedoch keine direkte Sonneneinstrahlung. An einem zu dunklen Standort wirft sie die Nadeln ab.

In der Wachstumsphase vom Frühjahr bis zum Herbst regelmäßig gießen; die Topferde durchdringend feucht halten, Staunässe jedoch vermeiden, da diese die Wurzeln schädigen kann. In den kühleren Wintermonaten durchdringend, jedoch seltener gießen; zwischen den Wassergaben die Topferde oberflächlich einige Zentimeter trocknen lassen. In einem beheizten Raum im Winter am besten mit Wasser besprühen; trockene Heizungsluft kann dazu führen, dass Nadeln austrocknen und abfallen.

ZIMMERTANNE, NORFOLK-TANNE

ARAUCARIA HETEROPHYLLA

Aspidistra elatior

Schusterpalme, Schildblume, Eisenpflanze

Ostasien

Diese Pflanze ist sehr robust und verzeiht Pflegefehler großzügig. Die lanzettlichen Blätter weisen auf ihre Verwandtschaft mit dem heimischen Maiglöckchen hin. Von Staub, Rauch und Dunst lässt sie sich nicht stören und gedeiht an fast jedem Standort – die ideale Pflanze für erfahrene und junge Zimmergärtner.

In den Sommermonaten reichlich gießen und ab und zu mit Wasser besprühen. Im Winter weniger gießen und die Wurzeln nicht in feuchter Erde stehen lassen – vor dem nächsten Gießen die Topferde vollständig austrocknen lassen.

Die Schusterpflanze an einen hellen luftigen Standort stellen, am besten mit etwas Morgensonne und Nachmittagsschatten. Im Sommer mag sie Sonne, allerdings verbrennen die Blätter bei direkter Sonne leicht und die Blattspitzen werden braun.

Die Schusterpalme blüht selten und unregelmäßig, doch eine gesunde *Aspidistra elatior* bringt im späten Frühjahr oder Frühsommer am Boden sehr kuriose rotviolett gefärbte Blütenkränze hervor.

SCHUSTERPALME

ASPIDISTRA ELATIOR

Calathea lancifolia

Korbmarante

Brasilien

Die Korbmarante ist eine sehr dekorative Pflanze aus der Familie der Pfeilwurzgewächse. Ihre hellgrünen gewellten Blätter besitzen auf der Oberseite dunkelgrüne Flecken und sind auf der Unterseite leuchtend rot gefärbt.

Calathea lancifolia wächst im brasilianischen Regenwald und gedeiht an feuchten, schattigen Standorten. Wenig gießen und regelmäßig mit Wasser besprühen. In den Sommermonaten einmal pro Woche gießen und die Topferde feucht halten. Im Winter alle paar Wochen gießen und vor der nächsten Wassergabe die Topferde austrocknen lassen.

Die Korbmarante in durchlässige, sandige Topferde pflanzen. Das Wasser muss ungehindert ablaufen können, damit die Wurzeln der Pflanze nicht faulen. Bei zu kalter oder zu trockener Luft werden die Blätter der Korbmarante braun und hängen herab.

KORBMARANTE

CALATHEA LANCIFOLIA

Chlorophytum comosum 'Vittatum'

Grünlilie

Südafrika

Diese schnell wachsende Staude mit hell panaschierten Blättern ist eine der bekanntesten Zimmerpflanzen und wird wegen ihrer gebogenen grasartigen Blätter und den wie ein Wasserfall anmutenden Ableger geschätzt. Gelegentlich zeigen sich kleine weiße Blüten.

Die Grünlilie bevorzugt einen hellen luftigen Standort. Die Blattfärbung entwickelt sich an einem sonnigen Platz am besten. Bei zu wenig Sonne erhalten die Blätter einen gelblichen Stich.

Das Gießen richtet sich nach der Wachstumsphase. In den Sommermonaten wächst die Pflanze und benötigt einmal pro Woche reichlich Wasser. Regelmäßiges Besprühen mit Wasser fördert ebenfalls die Blattgesundheit. Allerdings bei direkter Sonneneinstrahlung keine Wassertropfen auf den Blättern stehen lassen, sonst werden diese fleckig oder verbrennen. In den Wintermonaten die Wassergaben reduzieren. Die Pflanze legt eine Ruhephase ein, und zu viel Gießen kann in dieser Zeit zu Wurzelfäule führen.

Diese üppige Pflanze vermehrt sich stark und bildet an den Enden langer gebogener Triebe Mini-Grünlilien. Zum Vermehren diese Ausläufer abnehmen und in frischer Topferde Wurzeln bilden lassen.

GRÜNLILIE

CHLOROPHYTUM COMOSUM
'VITTATUM'

Epipremnum aureum
Goldene Efeutute
Polynesien

Die Goldene Efeutute ist die ideale Kletterpflanze für den Innenbereich. Sie ist die pflegeleichteste unter den Efeututen und kann unter guten Bedingungen 2 m lang werden. *Epipremnum aureum* ist auch unter dem veralteten wissenschaftlichen Namen *Scindapsus aureus* im Handel.

In den Sommermonaten reichlich gießen, damit die Klettertriebe lang und robust wachsen können, ohne abzubrechen. Im Winter sehr viel zurückhaltender gießen. Vor der nächsten Wassergabe die Topferde oberflächlich etwas trocknen lassen und nicht ständig feucht halten. Die Blätter häufig mit Wasser besprühen, die Pflanze liebt feuchte Luft.

Die Goldene Efeutute benötigt das ganze Jahr mäßig Sonnenlicht, damit sich die farblichen Kontraste der panaschierten Blätter ausbilden. In den Wintermonaten bevorzugt sie einen hellen Standort und im Sommer einige Stunden direkte Sonne.

GOLDENE EFEUTUTE

EPIPREMNUM AUREUM

Ficus elastica
Gummibaum
Nordostindien und Malaysia

Diese Pflanze aus der Gattung der Feigen ist möglicherweise eine der beliebtesten größeren Zimmerpflanzen. Ihr Reiz liegt in den dunklen, großen dicken Blättern, die aufgrund ihrer glänzenden Oberfläche aussehen als seien sie aus Kunststoff.

Der Gummibaum bevorzugt tropisch-feuchte Bedingungen und indirekte Sonne, verträgt aber auch Trockenheit. Wählen Sie einen Standort mit ausreichend Morgensonne und schattigen Phasen im Verlauf des Tages. Zu viel direkte Sonne lässt die Blätter ausbleichen.

Den Gummibaum nicht zu viel gießen; einmal pro Woche ist ausreichend. Die Topferde vor dem nächsten Gießen fast austrocknen lassen. Wenn die Pflanze Blätter abwirft, ist dies häufig ein Zeichen für übermäßiges Gießen.

Wenn der Gummibaum größer wird, muss er gegebenenfalls mit einem stabilen Bambusstab oder einem Moosstab gestützt werden, damit er seinen aufrechten Wuchs behält.

GUMMIBAUM
FICUS ELASTICA

Ficus lyrata
Geigenfeige
Westafrika

Mit seinen geigenförmigen Schmuckblättern ist dieser Fikus eine beliebte Zimmerpflanze. Voll entwickelt ist er häufig erst nach 15 Jahren. Die Geigenfeige bevorzugt einen Standort mit viel Licht, einen nach Süden ausgerichteten Raum oder einen Wintergarten. In direkter Sonne verbrennen die Blätter jedoch leicht oder verfärben sich.

Mit Bedacht gießen – nicht übermäßig, doch so gießen, dass die Topferde nicht vollständig austrocknet, da die Blätter sonst braun werden und abfallen. Einmal pro Woche gießen und zwischen den Wassergaben die Topferde oberflächlich austrocknen lassen. Lieber zu wenig als zu viel gießen, übermäßiges Gießen kann sehr schädlich sein.

Junge Pflanzen, die noch stark wachsen, alle paar Jahre umtopfen, damit die Wurzeln ausreichend Platz zum Ausbreiten haben. Bei ausgewachsenen Pflanzen nur noch oberflächlich die Topferde austauschen.

GEIGENFEIGE

FICUS LYRATA

Fittonia
Silbernetzblatt
Peru

Heimisch ist das Silbernetzblatt im feuchten peruanischen Regenwald. Dort ziert es als kriechende Schönheit den Waldboden. Im Handel sind verschiedene Arten und Hybriden. Eine der beliebtesten Arten ist *Fittonia albivenis* mit hellgrünen Blättern, die mit silbrig-weißen Adern durchzogen sind. Andere Arten besitzen rosafarbene Adern. Die meisten Arten besitzen kleine Blätter und bringen gelegentlich in den Sommermonaten kleine weiße oder gelbe Blüten hervor.

Im Innenbereich ist das Silbernetzblatt wegen der trockenen Luft nicht leicht zu kultivieren. Am wohlsten fühlt es sich unter Farnen im Badezimmer, wo es in Dampf baden kann. Als Alternative bietet sich ein Terrarium oder ein Flaschengarten an. Am besten gedeiht es bei konstanter Wärme und Feuchtigkeit. Es wird gerne regelmäßig mit Wasser besprüht und braucht viel Licht, jedoch keine direkte Sonne.

Die Blätter und Stängel werden schlaff, wenn die Pflanze oder die Wurzeln zu trocken werden. Daher in den wärmeren Sommermonaten alle paar Tage gießen. Vorsicht, Fittonia ist gleichzeitig anfällig für Trieb- und Wurzelfäule, wenn sie übermäßig gegossen wird.

Das Silbernetzblatt lässt mit dem Alter nach; Jungpflanzen sind am attraktivsten. Zur Vermehrung können Triebspitzen als Stecklinge abgeschnitten werden. Das fördert gleichzeitig die Bildung von Nebentrieben, und die Mutterpflanze erhält eine buschigere Form. Die Stecklinge in feuchte, normale Topferde stecken. Sie bewurzeln schnell.

SILBERNETZBLATT

FITTONIA

Howea forsteriana

Kentiapalme

Lord Howe Island, Australien

Diese langsam wachsende Pflanze ist eine der beliebtesten Zimmerpflanzen. Sie verträgt viel Schatten, trockene Luft und Trockenphasen. Die Palmwedel oder Fiederblätter der Kentiapalme sind verglichen mit anderen beliebten Palmen verhältnismäßig breit und die einzelnen Blättchen werden bis zu 30 cm lang. Starke direkte Sonne schadet den Blättern. Ein heller Standort mit indirektem Licht ist ideal. Die Kentiapalme bildet einen einzelnen Mitteltrieb. Häufig werden mehrere Palmen zusammengepflanzt, damit sie ein schöneres Gesamtbild ergeben. Diese Pflanze benötigt viel Platz, sie kann leicht mehr als 2 m groß werden. Die Howea verträgt zwar trockene Luft, in einer trockenen Umgebung werden ihre Blätter jedoch leicht gelb. Durch häufiges Besprühen mit Wasser bleibt sie gesund. Die Kentiapalme wird an ihren Wurzeln sehr ungern gestört. Nur umpflanzen, wenn es unbedingt notwendig ist.

KENTIAPALME

HOWEA FORSTERIANA

Isolepis cernua
Frauenhaargras
Südamerika

Frauenhaargras ist ein anmutiges Staudengras mit dichten Büscheln feiner, frischgrüner Blätter mit braunen Borsten. Die Blätter wachsen wie ein Springbrunnen direkt aus den Wurzeln. An der Spitze bilden die Halme weiße federartige Blütenähren. Diese Staude wächst im Grasland von Sibirien bis Südamerika und als Zimmerpflanze gedeiht sie ebenfalls sehr gut. Sie wird auch unter dem Namen *Scirpus cernuus* im Handel angeboten.

Frauenhaargras benötigt feuchte Bedingungen. In den Sommermonaten regelmäßig gießen und ständig feucht oder sogar nass halten. Durch Besprühen mit Wasser die Luftfeuchtigkeit um die Blätter erhöhen. Wenn die Pflanze in einem sehr kühlen Raum steht, kann sie in den Wintermonaten etwas weniger gegossen werden. Die Topferde jedoch nie austrocknen lassen. Frauenhaargras bevorzugt Morgensonne und am Nachmittag Erholung im Schatten.

Die Mutterpflanze lässt sich Anfang oder Mitte des Frühjahrs leicht durch Teilen vermehren.

FRAUENHAARGRAS

ISOLEPIS CERNUA

Monstera deliciosa
Köstliches Fensterblatt
Südmexiko

Den Namen Fensterblatt verdankt diese Pflanze ihrer ungewöhnlichen Blattform, die durch Löcher Licht auf andere Pflanzenteile durchlässt. Das Köstliche Fensterblatt kann 45 cm lange oder noch längere Blätter entwickeln. Bei Jungpflanzen sind die Blätter zunächst geschlossen, die Schlitze und Löcher bilden sich nach und nach aus. Diese Riesenpflanze – sie kann bis zu 6 m hoch werden – kann sehr ausladend werden und benötigt dann eine Stütze. Häufig wird *Monstera deliciosa* mit einem Moosstab gestützt. Die Pflanze bildet Luftwurzeln. Diese können in das Moos oder in die Topferde gesteckt werden und geben der Pflanze zusätzlichen Halt. Vor direktem Sonnenlicht schützen, doch gleichzeitig sehr hell stellen und bei trockener Luft ab und zu die Blätter mit Wasser besprühen.

Bei alten, gut eingewachsenen Pflanzen kann sich eine Blüte bilden. Bei Zimmerkultur kommt dies allerdings selten vor. Die Blüte ähnelt der einer Zimmerkalla mit einem Mittelkolben, der sehr langsam essbare Früchte ausbildet. Weltweit wird das Köstliche Fensterblatt unterschiedlich genutzt. In Mexiko werden die Luftwurzeln zum Korbflechten verwendet und der Blattsaft wird gegen Arthritis getrunken.

KÖSTLICHES FENSTERBLATT
MONSTERA DELICIOSA

Monstera obliqua

Schiefes Fensterblatt

Brasilien

Das weniger bekannte Schiefe Fensterblatt besitzt die Besonderheit, dass sich die bizarre Blattform fast direkt nach der Bildung eines neuen Blatts zeigt. Jedes Blatt besitzt ein Muster aus ovalen Löchern, daher ist *Monstera obliqua* als Zimmerpflanze etwas empfindlich. Beispielsweise beim Umtopfen wird leicht ein Blatt eingerissen. Der beste Platz ist ein großes Pflanzgefäß in einer Zimmerecke oder hängend in einer stabilen Ampel.

Vor grellem und direktem Sonnenlicht schützen. Das Schiefe Fensterblatt steht gerne halbschattig. Wenn die Pflanze nicht ausreichend Licht bekommt, werden die Blätter gelb und welken; dann an einen helleren Platz stellen.

Diese große Pflanze sieht zwar so aus, als ob sie viel Wasser benötigt; dennoch wenig gießen, einmal pro Woche ist ausreichend. Die oberen paar Zentimeter Topferde vor dem nächsten Gießen austrocknen lassen.

Die Blätter am besten häufig mit einem Schwamm von Staub befreien und die Luftwurzeln nach und nach in die Topferde biegen.

SCHIEFES FENSTERBLATT

MONSTERA OBLIQUA

Muehlenbeckia complexa

Weißfrüchtiger Drahtstrauch

Neuseeland

Diese Grünpflanze ist relativ neu auf dem Zimmerpflanzenmarkt und als Ampelpflanze eine schöne Ergänzung für jeden Raum. Die kreisförmigen immergrünen Blättchen hängen an dünnen sparrigen Zweigen, und mit etwas Glück zeigen sich in den Sommermonaten kleine Büschel grünlich-weißer Blüten.

Der Weißfrüchtige Drahtstrauch gedeiht in indirekter Sonne oder leichtem Schatten. Vom Frühjahr bis zum Herbst regelmäßig gießen, in den Wintermonaten zurückhaltender.

WEISSFRÜCHTIGER DRAHTSTRAUCH

MUEHLENBECKIA COMPLEXA

Musa acuminata 'Dwarf Cavendish'

Zwergbanane

Asien

Bananenpflanzen sind sehr auffällige Dekorationspflanzen und wurden bereits im 19. Jahrhundert in großen Gewächshäusern zur Schau gestellt. Ihre Wirkung entfalten sie nur, wenn der Raum die entsprechende Größe besitzt. Selbst Zwergvarianten wie *'Dwarf Cavendish'* sind recht ausladende Zimmerbewohner.

Die Blätter sind groß, wachsen schnell und sehen robust aus, sind es jedoch nicht. Sie sind fast so dünn wie Papier und reißen sehr leicht. Für diese tropische Pflanze ist ein Wintergarten der ideale Standort. Sie benötigt Wärme, viel Licht und etwas direkte Sonne. Die feuchte Luft in der heimischen Umgebung der Bananenpflanze durch häufiges Besprühen mit Wasser möglichst gut nachahmen. Außerdem reichlich gießen und ein großes Pflanzgefäß verwenden. Darauf achten, dass Topferde und Topf gut durchlässig sind. Die Topferde ständig feucht halten.

Beliebt ist die Banane als Zimmerpflanze wegen der dekorativen, großen tropischen Blätter. Blühen und Früchte tragen wird sie in Wohnräumen nicht.

ZWERGBANANE

MUSA ACUMINATA 'DWARF CAVENDISH'

Nephrolepis exaltata

Schwertfarn

Südamerika

Der Schwertfarn ist eine tropische Pflanze und wächst auf dem Boden von Regenwäldern und Sumpfgebieten in Südamerika, Mexiko und auf den Westindischen Inseln. Die zarten gebogenen Blätter sind wie Federn in Hunderte schwertförmige Segmente unterteilt.

Schwertfarn lebt ursprünglich im Schutz hoher Pflanzen und Bäume und übersteht lange Schattenphasen, bevorzugt jedoch einen hellen Standort mit indirektem Licht. Keiner direkten Sonne aussetzen, sonst vertrocknen die Blättchen. Die Wurzeln des Schwertfarns nie austrocknen lassen; die Topferde ständig feucht halten. Bei relativ warmer Zimmertemperatur reichlich gießen, damit die Topferde nie austrocknet.

Gerne wächst der Schwertfarn auch in einer Ampel. Mit ausreichend natürlichem Licht ist ein Badezimmer der ideale Standort, damit der Farn genügend Feuchtigkeit erhält.

SCHWERTFARN

NEPHROLEPIS EXALTATA

Philodendron xanadu

Xanadu-Philodendron, Xanadu-Baumfreund

Südamerika

Zur großen Gattung Philodendron gehören meist kompakte großblättrige Arten. Der Xanadu besitzt kräftig-grüne ledrige Blätter mit vielen Einkerbungen.

Dieser Baumfreund entwickelt sich mehr in die Breite als in die Höhe und wirkt stattlicher, je älter er wird. Er erreicht Spannweiten von bis zu 1,5 m und muss nur selten beschnitten werden, da er seinen attraktiven kompakten Wuchs beibehält. Wählen Sie einen ausreichend großen Platz für den Xanadu, damit er sich voll entfalten kann, die ausladenden Triebe nicht eingeengt oder gequetscht werden und die Blätter keinen Schaden nehmen.

Philodendron bevorzugt helles indirektes Licht. Direkte Sonne schädigt die Blätter schnell. Der Xanadu kommt auch mit sehr wenig Licht zurecht, benötigt für seine buschige Form jedoch mehr Licht als die meisten anderen Philodendren. Er streckt sich bei zu wenig Licht nach dem Licht aus und verliert seinen kompakten Wuchs.

Regelmäßig gießen, durchlässige Topferde verwenden und zwischen den Wassergaben austrocknen lassen, da der Xanadu etwas anfällig ist für Wurzelfäule. Trockenheit verträgt er gut.

XANADU-PHILODENDRON, XANADU-BAUMFREUND

PHILODENDRON XANADU

Pilea peperomioides

Ufopflanze, Kanonierblume

Provinz Yunnan, China

Die Blätter der Ufopflanze sehen aus wie flache Ufos, und sie verschießt ihren Blütenstaub ähnlich wie eine Kanone ihre Kugeln, daher auch Kanonierblume. Die Ufopflanze wächst aufrecht und bildet mit ihren runden, dunkelgrünen Blättern eine einzigartige Silhouette, die in jedem Raum die Blicke auf sich zieht.

Kanonierblumen sind als Zimmerpflanzen unkompliziert. Einen hellen Standort ohne direkte Sonne wählen. In den Sommermonaten regelmäßig und im Winter wenig gießen. Für die nötige Luftfeuchtigkeit zwischen den Wassergaben mit Wasser besprühen. Eine ausgewachsene Pilea bildet Wurzelausläufer. Mit diesen Ablegern lässt sich die Pflanze leicht vermehren. Wenn sich die Ufopflanze bei Ihnen zu Hause fühlt, bildet sie kleine grüne Blüten mit einem Hauch Pink.

UFOPFLANZE

PILEA PEPEROMIOIDES

Platycerium bifurcatum

Geweihfarn

Australien

Ein besonderes Kennzeichen dieses Farns sind seine beiden unterschiedlichen Blattarten. Mit den grundständigen Schildblättern klammert sich der Farn an seiner Unterlage fest. Sie werden mit der Zeit braun. Die übrigen Wedel wachsen ausgebreitet und herabhängend, wegen ihrer Gabelung ähneln sie einem Hirschgeweih. Geweihfarn wächst in seinem natürlichen Lebensraum als Epiphyt auf Bäumen. Diese Bedingung lässt sich gut mit einer Ampel oder einem Gitter nachahmen.

Da der Geweihfarn ursprünglich unter einem schützenden Blätterdach lebt, benötigt er wenig Licht. Er begnügt sich mit einem schattigen Raum und gelegentlich etwas direktem Licht. Geweihfarn benötigt ausreichend Feuchtigkeit. Häufig mit lauwarmem Wasser besprühen. Große Exemplare bilden aus der Wurzel Ableger. Zum Vermehren, einen Ableger mit einem scharfen Messer abtrennen und in etwas Torfmoos gewickelt bewurzeln lassen.

GEWEIHFARN

PLATYCERIUM BIFURCATUM

Sansevieria trifasciata

Großer Bogenhanf

Westafrika

Der Große Bogenhanf ist eine bis zu 1 m große Pflanze mit attraktiven, festen, lanzettlichen Blättern. Er bildet dunkelgrün gefärbte, hellgrün marmorierte oder gelb geränderte und leicht eingedrehte Blätter.

Der Große Bogenhanf verträgt Trockenphasen und gedeiht an hellen und an schattigen Standorten. Übermäßiges Gießen ist das Einzige, was er übel nimmt. Im Sommer mäßig gießen, dabei die obere Hälfte der Topferde zwischen den Wassergaben austrocknen lassen. Im Winter sehr zurückhaltend gießen, lediglich dafür sorgen, dass die Topferde nicht vollständig austrocknet.

Bogenhanf muss selten umgetopft werden, da er langsam wächst. Er bildet pro Jahr nur ein oder zwei Blätter. Als Zimmerpflanze blüht er selten. Wenn Sie das Glück haben, wachsen aufrechte Ähren mit grünlich-weißen quirligen Blüten aus den Wurzeln.

Bogenhanf filtert und reinigt als Zimmerpflanze besonders gut die Luft.

GROSSER BOGENHANF

SANSEVIERIA TRIFASCIATA

Schefflera arboricola
Kleine Strahlenaralie, Lackblatt
China

Dieser immergrüne Strauch ist eine gängige Zimmerpflanze und verzeiht Pflegefehler häufig gut. Auffallend sind die spitzovalen Blätter, die radial ausgerichtet in Gruppen zusammenstehen und gemeinsam einen langen Stiel besitzen. Am beliebtesten sind panaschierte Varianten, beispielsweise die gelb panaschierte *'Gold Capella'*. Auch Bonsai-Varianten sind gefragt.

Diese Pflanze passt sich an sehr viele Bedingungen an, bevorzugt jedoch einen hellen Standort; vor allem panaschierte Arten bilden dann die Blattfarben besser aus. Im Sommer vor starker direkter Sonneneinstrahlung schützen. In ihrer tropischen Heimat wird das Lackblatt mit Feuchtigkeit verwöhnt. Für eine gesunde Entwicklung regelmäßig gießen und mit Wasser besprühen. Die Topferde feucht, jedoch nicht nass halten. In den Wintermonaten weniger gießen, nur ein paar Wassergaben pro Monat. Das Substrat vor dem nächsten Gießen oberflächlich austrocknen lassen.

Die Kleine Strahlenaralie stützen, wenn sie größer wird. Eine Besonderheit dieser Pflanze ist die Bildung von Luftwurzeln in feuchter Umgebung. Diese lassen sich in einen Moosstab biegen und erhöhen so die Standfestigkeit der Pflanze.

KLEINE STRAHLENARALIE

SCHEFFLERA ARBORICOLA

Yucca elephantipes
Elefantenfuß-Palmlilie
Karibik

Yucca elephantipes besitzt einen knolligen Stamm und dünne, nach unten gebogene Zweige mit elastischen, dunkelgrün gefärbten Blättern. Die Blattränder sind gezahnt und im Vergleich zu anderen Arten weich und geschmeidig. Sie wirkt mit ihrem aufrechten Wuchs gut in einer Zimmerecke.

Die Elefantenfuß-Palmlilie so hell wie möglich stellen, auch über direkte Sonne freut sie sich. In den Sommermonaten bevorzugt sie einen etwas schattigeren Standort im Freien. In ein hohes Pflanzgefäß mit Löchern setzen und durchlässige Topferde verwenden. Im Sommer eher reichlich und in den Wintermonaten zurückhaltender, nur alle paar Wochen, gießen. Viele Palmlilien wachsen als Zierpflanzen im Garten. Dort bilden sie auffällige hohe Blütenschäfte mit weißen duftenden Glockenblüten. Als Zimmerpflanze ist es weniger wahrscheinlich, sie in Blüte zu sehen.

ELEFANTENFUSS-PALMLILIE

YUCCA ELEPHANTIPES

Zamioculcas zamiifolia
Glücksfeder
Ostafrika

Zamioculcas zamiifolia ist eine tropische Staude, die wegen ihrer glänzenden Blätter seit den 1990er Jahren zu einer beliebten Zimmerpflanze geworden ist. Sie ist sehr anspruchslos. Selbst wenn sie Trockenperioden durchstehen muss, lässt die ansonsten immergrüne Pflanze lediglich Blätter fallen und lebt von den in den Rhizomen gespeicherten Wasservorräten. Übermäßiges Gießen kann jedoch zu Wurzelfäule führen, die Topferde daher zwischen den Wassergaben vollständig austrocknen lassen.

Die Glücksfeder übersteht auch längere Zeit mit wenig Licht. Am besten gedeiht sie jedoch bei viel indirektem Licht und warmer feuchter Luft.

In ihrem natürlichen Lebensraum bildet diese Pflanze unscheinbare kelchförmige Blüten. Zuhause blüht sie selten. Der Pflanzensaft aus den Blättern besitzt eine toxische Wirkung und kann Hautirritationen hervorrufen.

GLÜCKSFEDER

ZAMIOCULCAS ZAMIIFOLIA

REGISTER

NOTIZEN

Herausgegeben von Aurum Press Limited
Originaltitel Urban Botanics

2. Auflage 2022

Übersetzung: Eva Korte
Illustrationen: Maaike Koster
Text: Emma Sibley

Printed in China

ISBN 978-3-7843-5504-7